VENTE LES MARDI 23 & MERCREDI 24 AVRIL 1867

Collection de M. PICOT DE L***

OBJETS

DE LA CHINE & DU JAPON

EXPOSITION PUBLIQUE : LE LUNDI 22 AVRIL 1867.

Me CHARLES PILLET
COMMISSAIRE-PRISEUR.

M. FEBVRE
EXPERT

RENOU & MAULDE

IMPRIMEURS DE LA COMPAGNIE DES COMMISSAIRES-PRISEURS

Rue de Rivoli, 144.

Collection de M. PICOT de L***.

CATALOGUE

D'OBJETS

DE LA CHINE & DU JAPON

Porcelaines, Bronzes, Laques, Émaux, Ivoires & Objets divers

DONT LA VENTE AUX ENCHÈRES PUBLIQUES AURA LIEU

HOTEL DES VENTES

RUE DROUOT, SALLE N° 4

Les Mardi 23 et Mercredi 24 Avril 1867

A DEUX HEURES

Par le ministère de Me **CHARLES PILLET**, Commissaire-Priseur, rue de Choiseul, 11,

Assisté de M. **FEBVRE**, Expert, rue Laffitte, 12,

CHEZ LESQUELS SE DISTRIBUE LE PRÉSENT CATALOGUE.

EXPOSITION PUBLIQUE

Le Lundi 22 Avril 1867, de une heure à cinq heures.

PARIS

RENOU & MAULDE

IMPRIMEURS DE LA COMPAGNIE DES COMMISSAIRES-PRISEURS

Rue de Rivoli, 144

1867

CONDITIONS DE LA VENTE

Elle sera faite au comptant.

Les Acquéreurs paieront CINQ POUR CENT en sus du prix d'adjudication.

L'Exposition mettant les Acquéreurs à même de se rendre compte de l'état des Objets, il ne sera reçu aucune réclamation une fois l'adjudication prononcée.

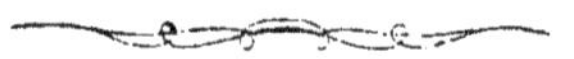

DÉSIGNATION
DES OBJETS

Porcelaines de Chine et du Japon.

1 — Deux Vases en porcelaine de Chine fond bleu turquoise; les panses ornées en relief de caractères chinois.

2 — Deux Potiches Japon, ornées de médaillons de fleurs et de paysages en émaux de couleurs sur fond rouge de cuivre à rehauts d'or.

3 — Deux Vases avec anses à jour, même genre de décor que les précédentes potiches.

4 — Jardinières accolées de forme cylindrique, ornées autour des panses de fleurs en relief en émaux blancs sur fond gros bleu.

5 — Grand Pot à fleurs de forme cylindrique, décor de grecques et de rosaces en blanc réservé sur fond gros bleu.

6 — Vase de forme ovoïde fond blanc, sur lequel se détachent en bleu, des fleurs de marguerites formant rosaces et une banderole avec caractères chinois.

7 — Vase à fleurs de forme cylindrique, décoré en émaux de couleurs d'un paysage avec personnage (haut dignitaire).

8 — Vase à couvercle, Japon, décor d'entrelacs en rouge de cuivre et de pâquerettes; le tout entourant des médaillons de fleurs et de branchages.

9 — Deux Coupes à couvercles de forme sphérique aplatie, riche décor émaillé fond bleu vermicellé, alterné de fleurs variées et de médaillons à bouquets. — Fabrique de Nabesima.

10 — Deux Coupes à fruits, Japon; le haut à galeries à jour, le bas orné de frises de fleurs.

11 — Vase à deux anses, fabrique de Satzuma, en porcelaine fond céladonné, sur lequel se détachent en tons bleus et blancs des entrelacs et des fleurs de chrysanthèmes.

12 — Porte-Sorbet à quatre pans, tous avec galeries à jour.

13 — Deux Léguniers à couvercles en Japon, décor de fleurs émaillées.

14 — Vase à glacer pour entremets, en Japon, riche décor.

15 — Vase à fruits à couvercle, de forme lobée; le couvercle et le tour ornés de médaillons à jour.

16 — Un autre à compartiments, même genre que le précédent.

17 — Petite Cantine à trois compartiments; elle est à quatre faces; décor de fleurs émaillées.

18 — Théière ornée de médaillons laqués rouge, à rehauts d'or.

19 — Coupe ronde supportée sur trois pieds formés de figurines d'Enfants.

20 — Sucrier à huit pans, le haut à bord dentelé; décor de fleurs émaillées et frises rouges.

21 — Petite Cantine à quatre compartiments, décor de fleurs émaillées et de pâquerettes.

22 — Bouteille à Saké, ayant la forme d'un œuf d'autruche; décor de pélicans en couleur et de bouquets en tons bleus.

23 — Petite Potiche à huit pans, décor bleu et rouge à fleurs et médaillons.

24 — Saucière Japon, décor rouge de cuivre et noir avec rehauts d'or.

25 — Grande Coupe et son bassin en Japon, décor fond noir, avec paysage à rehauts d'or.

26 — Deux Boîtes à thé de forme hexagone, les pans ornés de médaillons noirs à rehauts d'or.

27 — Bol du Japon, décor fond rouge de cuivre, à rehauts d'or et médaillons de fleurs émaillées.

28 — Autre Bol beaucoup plus riche de décor que le précédent.

29 — Bol du Japon, riche décor en couleur à l'intérieur; à l'extérieur, fond noir laqué, entourant des médaillons émaillés.

30 — Grand Compotier, même genre de décor que le précédent.

31 — Deux Beurriers fond laqué noir et médaillons bleus.

32 — Un Sucrier, même genre de décor que les précédents.

33 — Boîte à savon, décor rouge de cuivre et médaillons de fleurs.

34 — Théière, décor vert, à deux tons, bleu et violet.

35 — Coupe émaillée, ayant la forme de plusieurs feuilles de lotus.

36 — Théière, décor rouge de cuivre à figures et rosaces.

37 — Deux Boîtes à thé à six pans, décor bleu et rouge de cuivre.

38 — Flacons à liqueurs en porcelaine coquille d'œuf, décor émaillé à branchages.

39 — Quatorze Tasses à chocolat, décor laqué noir avec fleurs.

40 — Six Coupes en porcelaine coquille d'œuf; au centre des figures émaillées : Femmes japonaises.

41 — Quatre autres, décor rouge de cuivre.

42 — Grand et beau Plat japonais; au centre, décor de marguerites, de médaillons, de fleurs et de femmes dans un paysage sur fond rouge de cuivre.

43 — Autre Plat plus petit; même genre de décor.

44 — Plat; au centre, un Bonze sur la cigogne sacrée.

45 — Petit Plat, orné de médaillons et d'une rosace.

46 — Trente-six Assiettes, décor vert émaillé bleu lavé et frisé en rouge de cuivre.

Porcelaines et Poteries de Satzuma.

47 — Grand Bol; au centre, décor émaillé représentant une réunion de philosophes.

48 — Chauffoir à thé, fond blanc laiteux, avec médaillons émaillés et frises rouge de cuivre.

49 — Un autre même genre que le précédent.

50 — Vase à fleurs à six pans, décor à rehauts d'or et nervures vertes en relief.

51 — Théière en terre émaillée, décor émaillé avec médaillons bleus à caractères japonais.

52 — Coupe à bords contournés en ancienne porcelaine de Satzuma, beau décor de fleurs et de médaillons quadrillés.

53 — Bouteille en terre émaillée imitant la patine d'un bronze.

54 — Vase à couvercle en terre émaillée imitant le laque burgauté.

55 — Autre Vase à couvercle imitant le laque noir, à rehauts d'or.

56 — Autre Vase, même décor, de forme oblongue.

57 — Petit Beurrier à anse imitant le laque noir.

58 — Vase à fleurs de forme évasée, fond vanné, émail gris.

59 — Petit Vase en terre émaillée gaufrée, orné d'une chimère en relief.

60 — Un autre même genre, plus petit que le précédent.

61 — Théière en terre gaufrée, décorée de bouquets émaillés.

62 — Théière en bocaro, fond en terre vannée avec décor émaillé vert et bleu.

63 — Vase en porcelaine de Kanga, décor bleu sur fond laiteux.

64 — Confiturier et son support à jour, décor bleu.

65 — Vase à fleurs en terre émaillée, entouré d'un dragon en relief se débattant au milieu des flots.

66 — Oiseau perché sur un rocher; émail imitant le bronze.

67 — Oiseau de proie perché; même genre que le précédent.

68 — Deux Tourterelles sur un rocher; émail imitant le bronze.

69 — Bonze en terre émaillée enveloppé dans son manteau; personnage grotesque.

70 — Bonze assis, en terre émaillée; il tient le fruit du Mango.

Bronzes Japonais.

71 — Deux beaux Vases à panses enflées et formes évasées, anses à trompes d'éléphants, ornés en relief de cigognes sacrées dans les nuages; le tout doré et argenté

72 — Autre Vase, même genre que les précédents, le haut formé par une coupe se séparant du vase.

73 — Jardinière quadrangulaire, les pans décorés en reliefs avec frises entourant des dragons, les coins à arêtes saillantes, les pieds formés de rinceaux.

74 — Beau Brazero d'une fonte très-fine, de forme ovale lobée ; cette pièce est ornée en relief de médaillons de fleurs et de paysages; anses formées par des branches de pêcher, couvercle à jour avec figures et pélicans.

75 — Grand Bronze d'une belle fonte, représentant une chimère gravissant un rocher.

76 — Beau Vase de forme évasée, les anses formées par des tiges de bambou, très-belle patine.

77 — Beau Brazero à couvercle à jour, décor en relief représentant des grues dans des paysages.

78 — Autre Brazero à anse, orné de feuillages en relief.

79 — Bronze capital, cerf debout à fonte creuse, formant brûle-parfum.

80 — Vase forme balustre de très-ancienne fabrication, orné de quatre frises en relief, entrelacs et grecques, anses à têtes d'éléphants.

81 — Coupe à couvercle à double ceinture à jour; autour, en relief, des reptiles; anse formée par une branche sur laquelle sont des oiseaux perchés incrustés d'argent.

82 — Très-belle Cantine à compartiments superposés, le couvercle et les compartiments ornés de frises repercées à jour.

83 — Vase de forme évasée, orné de médaillons vermicellés, avec chimères, palmettes et arêtes saillantes.

84 — Petite Lampe de forme pagode, le tour à galerie à jour, le haut avec couronnement à clochettes.

85 — Vase évasé d'une fonte très-fine, orné de frises et de palmettes en relief, anses à trompes d'éléphants.

86 — Très-beau Vase fonte à cire perdue, orné de médaillons de fleurs et de grues en relief, et aussi de branchages à jour en ronde-bosse; charmante pièce.

87 — Vase à fleur formant un tronc d'arbre entouré de pampres détachés à jour.

88 — Belle Théière ayant la forme d'un fruit du Mango, avec ses tiges et ses feuilles en relief; anse formée par un écureuil grimpant.

89 — Deux Coupes ayant la forme d'une feuille de nénuphar entourée de ses tiges et de ses fleurs; sur des branches sont des grenouilles.

90 — Brûle-parfums à large piédouche, le haut saillant formé d'une frise à jour.

91 — Vase à fleurs ayant la forme d'une feuille de lotus, supporté par une branche en relief reposant sur le pied à feuillages en relief et ronde-bosse.

92 — Trois Vases de forme balustre en ancien bronze impérial; patine ayant l'aspect de pierres dures.

93 — Bassin rond orné en relief d'une frise et de palmettes.

94 — Boîte hexagone entièrement repercée à jour, ornée de rosaces et du dragon impérial dans les flots.

95 — Deux Bouteilles à côtes, ornées de rinceaux gravés; anses à têtes de serpents.

96 — Deux autres Bouteilles, même genre que les précédentes.

97 — Deux autres, même genre; belle patine rougeâtre.

98 — Une Bouteille à col élevé de forme hexagone; les pans décorés de palmettes gravées; anses à jour à têtes de tigres.

99 — Autre Bouteille, même genre que la précédente, mais d'une autre patine.

100 — Corbeilles fonds vannés; les centres avec insectes en relief.

101 — Coupe ronde fonte unie très-belle.

102 — Théière en matière martelée d'argent.

103 — Petit Réchaud et son cendrier entièrement repercé à jour.

104 — Vase à fleurs ayant la forme d'un panier cylindrique, anses et pieds formés par des têtes d'éléphants, fond vanné; sur la panse sont deux cerfs en relief.

105 — Coupe ronde vannée avec médaillons en relief; pieds à pomme de pin.

106 — Théière à côtes, ornée de palmettes gravées.

107 — Vase à fleurs ayant la forme d'un panier entouré en saillie de feuilles de vigne et de courges.

108 — Ancien Vase balustre à quatre pans, orné d'une frise et de palmettes.

109 — Deux Vases de forme ovoïde, décor de palmettes et de frises gravées.

110 — Petit Vase à quatre pans et à col évasé, décoré de frises de palmettes et d'arêtes saillantes.

111 — Deux Bouteilles à cols allongés, en bronze impérial imitant la pierre dure.

112 — Pitong ou Vase à fleurs orné de quatre frises emblématiques.

113 — Garniture composée de trois Vases et de deux flambeaux ornés de frises en relief; les flambeaux soutenus par des trompes d'éléphants.

114 — Deux Vases de belle patine; frises et palmettes gravées en creux.

115 — Deux Bouteilles à longs cols, belle patine bronze d'or.

116 — Deux Vases, les panses avec frises repercées à jour.

117 — Vase à fleurs, ancien bronze, orné de feuillages en relief.

118 — Sonnette, le bouton formé par quatre tiges à jour.

119 — Buffle courant formant brûle-parfum.

120 — Flambeau formé par une feuille de nénuphar soutenue par une cigogne dont les pattes reposent sur une tortue.

121 — Perdrix debout formant Brûle-parfums.

122 — Brûle-parfums formé par un Buffle sur lequel est un Enfant assis jouant de la flûte.

123 — Brûle-parfums antique ayant l'aspect d'une aubergine et son feuillage pour couvercle.

124 — Pitong entouré de frises et d'oiseaux en relief.

125 — Un autre, même genre que le précédent, fond vanné.

126 — Petit Brûle-parfums, de forme élégante, en bronze impérial.

127 — Deux Tasses à saké ornées de frises en relief à dragons.

128 — Petite Coupe vannée avec animal chimérique en relief.

129 — Cheval fantastique formant Brûle-parfums.

130 — Deux petites Statuettes : l'une représentant le Dieu de la pêche, l'autre le Dieu du travail.

Laques de Yeddo et de Yokohama.

131 — Très-beau Cabinet à tiroirs et à deux vantaux, l'intérieur à quadrilles d'argent, le bas et les côtés en laque avec paillons burgautés.

132 — Beau guéridon, décor d'oiseaux et de fleurs en burgau.

133 — Chiffonnier à couvercle de forme carrée à pans coupés, fond laqué noir et rouge à rehauts d'or.

134 — Belle Boîte en laque noir ornée en relief de feuilles de vigne, de branchages et d'oiseaux, le tout en couleur.

135 — Boîte de forme carrée, beau laque, fond fleuri à paquerettes.

136 — Grande Boîte en laque, fond amaranthe avec bandes dorées; sur le couvercle, une rosace d'or avec feuillage.

137 — Belle Boîte carrée à coins arrondis, fond amaranthe avec paysage et la montagne sacrée de Fusyama en laque d'or.

138 — Boîte carrée fond laqué avec dessin imitant le cuir de Cordoue.

139 — Très-belle Boîte à couvercle en vieux laque de Yeddo; le tour et le couvercle ornés de fleurs et de feuillages à haut relief à tons variés.

140 — Boîte de forme contournée en bois naturel, le couvercle avec médaillon laqué noir, rouge et or.

141 — Boîte plate de forme rectangulaire ornée d'un dragon en couleur sur fond rougeâtre.

142 — Boîte à couvercle brisé, beau décor quadrillé en laque noir et argent.

143 — Pièce de Surtout pour bombons, composée de sept Boîtes de forme triangulaire reposant sur un plateau : laque noir avec fleurs de couleurs en relief.

144 — Boîte à couvercle avec plateau attenant, fond laqué rouge avec fleurs de chrysanthèmes.

145 Boîte à couvercle avec plateau attenant, l'intérieur en laque d'or, l'extérieur noir avec feuillages, rosaces, et bandes dorées.

146 — Boîte carrée en laque aventuriné, le couvercle avec médaillon en bois à jour en couleur, représentant un oiseau au milieu de fleurs et de branchages.

147 — Boîte ronde, laque imitant le bambou, couvercle à feuillages rouge rubis.

148 — Boîte en laque bargauté avec quadrilles, paysages, kiosque et personnages.

149 — Boîte plate à couvercle, laque fond fleuri à marguerites.

150 — Boîte à couvercle avec encadement saillant, partie laquée, partie en bois incrusté.

151 — Boîte à crèpe de Chine, fond laque noir et or.

152 — Jolie Boîte à couvercle, fond laque noir avec quadrilles en argent.

153 — Petit Meuble carré à deux tiroirs, même décor que la précédente.

154 — Boîte à gants, fond laque noir avec bande et rosace d'argent et or.

155 — Encrier japonais, beau laque noir avec feuillages en burgau et oiseaux.

156 — Petit Cabinet à tiroirs, fond laque verdâtre vermicellé d'or.

157 — Petite Cantine en laque noir ; à l'intérieur, trois compartiments en laque rouge.

158 — Petit Meuble avec porte à coulisse et tiroirs en laque noir avec fleurs en burgau.

159 — Boîte à trois compartiments en laque noir avec feuillages d'or.

160 — Réchaud de fumeur, son brazero et ses compartiments, laque noir à feuillages d'or.

161 — Un autre plus petit avec entourage à jour, en laque à semis d'or et bois naturel.

162 — Boîte à couvercle en laque rouge orné d'un paysage d'or.

163 — Boîte à couvercle en laque rouge corail, orné de caractères d'or.

164 — Boîte et son couvercle en laque imitant la pierre dure taillée.

165 — Grand Bol à thé et son présentoir en laque noir à feuillages d'or.

166 — Petite Cantine à trois compartiments en laque gaufré à quadrilles.

167 — Petite Cantine, partie laquée, partie en tiges de bambou formant côtes.

168 — Autre Cantine de forme ronde à trois compartiments, fond laque rouge.

169 — Deux Supports en laque noir et rouge avec feuillages d'or.

170 — Petite Boîte à couvercle, partie bois naturel, partie laque noir.

171 — Grand Plateau fond laque rouge orné de quadrilles en couleurs et or.

172 — Plateau avec fleurs et feuillages en laque de tons divers.

173 — Deux Plateaux à bords festonnés, le tour vanné en paille, l'intérieur en laque noir avec fleurs or et argent.

174 — Plateau en laque noir avec arbustes et oiseaux or.

175 — Autre Plateau même genre que le précédent.

176 — Trois autres pareils. (Seront divisés.)

177 — Boîte ronde à couvercle, fond laque noir et gaufré.

178 — Cinq Coupes en laque rouge et or. (Seront divisées.

179 — Deux petits Plateaux en laque rouge gaufré.

180 — Quatre plateaux en laque noir avec feuillages or.

181 — Deux petits plateaux fond rouge à bandes vertes et noires.

182 — Deux plateaux contournés, en laque rouge avec paysage en relief.

183 — Deux plateaux en laque gaufré noir.

Jades.

184 — Grande et belle Statuette représentant un mandarin debout, il porte un riche vêtement de cérémonie et est coiffé du bonnet de grand dignitaire.

185 — Petit écran orné d'un médaillon sculpté en relief représentant une réunion de savants astrologues dans un paysage.

186 — Porte-allumettes en jade marbré de rouge et de noir, entouré de branchages et de feuillages sculptés en relief et à jour.

Émaux cloisonnés du Japon.

187 — Boîte à couvercle de forme rectangulaire, le tour et le couvercle ornés de fleurs de tons variés, le dessous contre-émaillé, offre en relief d'autres fleurs et un éventail.

188 — Petit Couteau, le fourreau en émail cloisonné, le manche en jade vert incrusté.

Objets divers.

189 — Petit Lapin accroupi en marbre blanc veiné noir.

190 — Boîte carrée en pierre de lard ornée de frises et de paysages avec personnages.

191 — Petit Rocher en quartz entouré de salamandres en bois sculpté, socle en laque rouge.

192 — Porte-allumettes en bois naturel, orné, en pierres et en nacre, d'insectes et d'oiseaux.

193 — Deux Porte-allumettes en métal blanc décorés de fleurs émaillées.

194 — Porte-allumettes en bois de bambou orné d'un paysage sculpté.

195 — Courge en bois naturel avec quelques parties en laque rouge avec paysage or.

196 — Mendiant assis, en bois sculpté.

197 — Figurine de la divinité Daï-Boutz : Réduction de la grande statue en bronze du temple de Kamakoura.

198 — Beau Plateau en laque noir, fond burgauté.

199 — Petit Plateau en écaille avec fleurs et feuillages or et argent.

200 — Plateau recouvert d'une étoffe de soie brodée.

201 — Quatre Porte-cigares, deux laqués, deux en écaille. (Seront divisés.)

202 — Statuette de femme formant flambeau, terre émaillée; travail indien.

203 — Grande Figurine en ivoire, représentant un Bonze en voyage.

204 — Autre petite Figurine en ivoire; réduction de la précédente.

205 — Japonais en voyage portant une besace et un petit enfant, ivoire.

206 — Porte-cartes en bois de sandal, avec paysage et personnages sculptés; travail chinois.

207 — Trois Œufs d'autruches, ornés de paysages et de personnages japonais en laque d'or et de couleur.

Seront divisés.

208 — Étagère en laque rouge.

209 — Trois Pipes japonaises en métal blanc et ivoire.

210 — Canne en laque burgauté.

211 — Tuyau de pipe persane.

212 — Sabre japonais, moyen, muni de son couteau.

213 — Petit Sabre japonais également muni de son couteau.

214 — Petit Poignard japonais, fourreau laqué.

215 — Casque de guerre japonais, avec son masque en bronze doré.

216 — Grande Table carrée richement décorée d'ornements en bois incrusté de diverses espèces.

217 — Ceinture de femme japonaise en soie brodée.

218 — Boîte en palissandre, avec filets de cuivre, contenant deux œufs d'autruches ornés de personnages et de paysages en laque d'or.

219 — Un lot de Colliers en pierres diverses.

220 — Bagues japonaises en argent.

221 — Monnaies complètes du Japon en or, argent et cuivre. (Deux séries.)

222 — Deux Pièces siamoises en argent.

223 — Sous ce numéro plusieurs objets non catalogués.

Renou et Maulde, imprimeurs de la Compagnie des Commissaires-Priseurs, rue de Rivoli 144. 3088

Etude de Mᵉ CH. PILLET, Commissaire-Priseur à Paris
Rue de Choiseul, n. 11.

VENTE

AUX ENCHÈRES PUBLIQUES

DE

TRÈS-BEAUX PANNEAUX

EN LAQUE DE COROMANDEL

REPRÉSENTANT

Des scènes de mœurs et de la vie privée des Chinois

Appartenant à M. de X...

N° 1 — Hauteur 2 mètres 55 cent. — Largeur 1 mètre 80 cent.
N° 2 — Hauteur 2 mètres 55 cent. — Largeur 1 mètre 80 cent.
N° 3 — Hauteur 2 mètres 55 cent. — Largeur » 95 cent.

HOTEL DROUOT

SALLE N. 4

Le Mardi 23 Avril 1867

A 5 HEURES PRÉCISES

Par le ministère de Mᵉ CH. PILLET, Commissaire-Priseur, rue de Choiseul, n. 11
Assisté de **M. FEBVRE**, expert, rue Laffitte, n. 12.

EXPOSITION PUBLIQUE LE LUNDI 22 AVRIL 1867, DE 1 A 5 HEURES

AU COMPTANT. — 5 pour 100 en sus des enchères.

3966 Renou et Maulde, impʳˢ de la Cⁱᵉ des Commissaires-Priseurs, rue de Rivoli, 144

RENOU & MAULDE

IMPRIMEURS DE LA COMPAGNIE DES COMMISSAIRES-PRISEURS

Rue de Rivoli, 144.

www.ingramcontent.com/pod-product-compliance
Ingram Content Group UK Ltd.
Pitfield, Milton Keynes, MK11 3LW, UK
UKHW020538180726
13839UKWH00006B/2577